1. SPAZIERGANG: BERLIN-MITTE

Die Heidereutergasse verband einst die Spandauer Straße mit der **Rosenstraße**. Hier befand sich die erste **Synagoge** der 1671 gegründeten Jüdischen Gemeinde zu Berlin. Der 1714 eingeweihte Barockbau wurde von dem christlichen Baumeister Michael Kemmeter entworfen. Der einfache Saalbau besaß nur ein Walmdach, da er sich deutlich von einer christlichen Kirche unterscheiden sollte. Das Erdgeschoss musste unter Straßenniveau gelegt werden, da die Synagoge nicht höher als ein Bürgerhaus sein durfte. Im Novemberpogrom 1938 wurde das Gotteshaus durch randalierende SA-Horden schwer verwüstet. Neuer Eigentümer wurde im selben Jahr die Deutsche Reichspost. Dennoch waren bis 1942 noch Gottesdienste möglich. Im Zweiten Weltkrieg wurde das Haus durch Bomben zerstört. Die Ruine wurde in den 60er Jahren abgerissen, obwohl ein Wiederaufbau möglich gewesen wäre.

Heute erinnern eine Informationstafel, eine neu vermauerte Grundrissecke und die Benennung der anliegenden Zufahrtsstraße – Heidereutergasse – an die Synagoge.

Auf der Grünfläche in der Rosenstraße befindet sich seit 1995 der von der Bildhauerin Ingeborg Hunzinger stammende **Block der Frauen**, der an den Frauenprotest gegen die so genannte Fabrikaktion erinnern soll – figürliche Darstellungen aus rötlichem Sandstein mit jüdischen Symbolen.

Im Hackeschen Hoftheater tritt auch „Grinsteins Mischpoche" auf

An beiden Seiten der Rasenfläche zur Rosenstraße wurden 1993 außerdem zwei Litfaßsäulen aufgestellt, die über die Geschichte dieses Ortes informieren.
Im ersten Hinterhof des Hauses in der **Rosenthaler Straße 39** befand sich in der NS-Zeit im linken Seitenflügel in der ersten Etage die **Besen- und Bürstenfabrik** von Otto Weidt. Er beschäftigte jüdische Arbeiter und Arbeiterinnen, die meisten blind oder taubstumm. Da er für die Wehrmacht produzierte, wurde sein Betrieb als kriegswichtig eingestuft. Im Herbst 1942 holte er einige Juden, die aus seiner Werkstatt von der Gestapo abgeholt wurden, aus dem Sammellager in der Großen Hamburger Strasse wieder zurück und versteckte sie. Die meisten von ihnen wurden aber denunziert und ins KZ deportiert. Insgesamt 27 Überlebende verdanken Weidt ihr Leben. Nach dem Krieg engagierte er sich für den Wiederaufbau eines Altersheims der Jüdischen Gemeinde in Pankow. Schon um 1947 forderte Weidt öffentlich, ein Mahnmal für die ermordeten Juden auf einem öffentlichen Platz in Berlin zu errichten. Die deutsch-israelische Journalistin Inge Deutschkron hat in ihren Erinnerungen „Ich trug den gelben Stern" beschrieben, wie sie und andere Juden von Weidt gerettet wurden. Ein Ehrengrab für Weidt, der 1948 starb, wurde erst 1994 auf dem Städtischen Friedhof in Zehlendorf einge-

Die Ausstellung in der ehemaligen Besen- und Bürstenfabrik von Otto Weidt

Der Frauenprotest im Jahre 1943
Anfang 1943 lebten in Berlin noch etwa 27000 Juden, die zumeist als Zwangsarbeiter in kriegswichtigen Betrieben arbeiteten. Die SS verhaftete am 27. Februar 1943 ca. 7000 Juden an ihren Arbeitsplätzen mit dem Ziel, sie nach Auschwitz zu deportieren. Die Männer, die in so genannten Mischehen lebten, wurden vor allem im ehemaligen Wohlfahrtsamt der Jüdischen Gemeinde in der Rosenstraße 2-4 interniert. Vom 28. Februar bis zum 11. März protestierten einige hunderte Ehefrauen und Mütter in der Rosenstraße für die Freilassung der inhaftierten Familienangehörigen. Sie handelten aus reiner Verzweiflung, spontan und gewaltfrei. Beunruhigt durch die Hartnäckigkeit des Protestes, befahl Goebbels die Freilassung der Inhaftierten. Viele der befreiten Juden konnten sich noch retten, indem sie sich falsche Papiere besorgten oder sich versteckten. Diese erfolgreiche Aktion zivilen Ungehorsams war in ihrer Dimension einzigartig für die NS-Zeit in Deutschland.

Die Tafel an der 1992 gegründeten Jüdischen Schule stammt noch von der Jüdischen Knabenschule der Vorkriegszeit

richtet. Seit September 1999 erinnert eine in den Boden der Tordurchfahrt eingelassene Gedenktafel an ihn. Die Ausstellung „Blindes Vertrauen" in den Räumen der Werkstatt ist heute eine Dependance des Jüdischen Museums Berlin.

Im zweiten Hinterhof der aufwendig sanierten **Hackeschen Höfe** befindet sich das **Hackesche Hoftheater**, das fast jeden Abend zu Konzerten mit jiddischen Liedern oder Klezmer einlädt.

In Hof 7 befindet sich **Levys Tabularium**. Hier werden u. a. Bücher zu jüdischen Themen, Tonträger mit Synagogalmusik, Klezmer und israelischer Popmusik, Würfelspiele mit biblischen und israelischen Motiven, rituelle Kultgegenstände, koscherer Wein und Spirituosen sowie israelische Kosmetikartikel verkauft.

In der **Großen Hamburger Straße** liegt etwas versteckt der älteste **Friedhof** der 1671 gegründeten Jüdischen Gemeinde Berlins. Auf dem kleinen Friedhof wurden viele berühmte Gemeindemitglieder der ersten Gründergenerationen begraben, unter ihnen der Rabbiner David Fränkel, der Hofjuwelier und Münzpächter Veitel

„Tabularium" mit jüdischen Büchern und Ritualien

Heine Ephraim und der Arzt Marcus Herz. Insgesamt sollen hier bis zur Schließung 1827 mehr als 12 000 Gräber angelegt worden sein. Der Friedhof wurde 1943 von der Gestapo zerstört, als sie quer über die Begräbnisanlage einen Splittergraben ausheben und ihn mit Grabsteinen absteifen ließ. Zahlreiche Bombentote der letzten Kriegstage wurden hier in Massengräbern verscharrt. Der einzige frei aufgestellte Grabstein, der heute noch zu sehen ist, kennzeichnet das Grab des Philosophen, Aufklärers und Menschenfreundes Moses Mendelssohn (1729–1786). Seit 1974 ist der Friedhof eine denkmalgeschützte Parkanlage. Eine Gedenktafel wurde 1948 vom Vorstand der Jüdischen Gemeinde an der südlichen Friedhofsmauer angebracht. 2001 wurde eine mehrsprachige, bebilderte Informationstafel aufgestellt. Am Randstreifen des Friedhofs kann man noch zerstörte Sarkophaggräber, Abdrücke von Wandgrabsteinen und Sockelreste abgebrochener Grabsteine entdecken. Weitere 19 teilweise stark verwitterte Grabsteine waren in die Südmauer des Friedhofs eingelassen und blieben dadurch vor den Verwüstungen geschützt. Seit 1988 liegen sie auf dem Jüdischen Friedhof in Weißensee.

Ein schlichter, quaderförmiger Gedenkstein erinnert heute an das ehemalige **Jüdische Altersheim**, das sich seit 1844 in der **Großen Hamburger Straße 26** befand. Im Jahre 1942 wurde das Altersheim von der Gestapo geräumt und als Sammellager missbraucht. Gegen Kriegsende wurde das Gebäude von Bomben getroffen und später abgerissen. Seit 1996 werden hier am Holocaust-Gedenktag die Namen der 55 696 Berliner Juden, die in der NS-Zeit ermordet wurden, öffentlich verlesen. Die rechts vom Gedenkstein etwas versteckt aufgestellte Skulpturengruppe, die von dem Bildhauer Will Lammert im Jahre 1957 entworfen wurde, ist die Modellfassung einer nicht realisierten Arbeit für das Frauen-KZ Ravensbrück. Bezeichnend für den Umgang der DDR mit der Geschichte ist, dass diese weiblichen Figurinen allgemein den Opfern des Faschismus gewidmet wurden, ohne dass ein Bezug zum Altersheim und den von hier deportierten Juden hergestellt wurde.

Über dem Portal des Gebäudes in der **Großen Hamburger Straße 27** hat eine steinerne Tafel die wechselvolle Geschichte überdauert. Ihre Inschrift lautet: „Knabenschule der Juedischen Gemeinde". Die **Jüdische Freischule** wurde 1778 von David Friedländer, Isaak Daniel Itzig und Naphtali Herz Wessely auf Initiative von Moses Mendelssohn gegründet. Es handelte sich um die erste Schule in Deutschland, die religiöse und säkulare Inhalte gleichermaßen unterrichtete. Seit 1863 befindet sich die Schule auf diesem Grundstück. Das heutige, 1906 eingeweihte Gebäude wurde von Johann Höniger entworfen. Die 1909 im Vorgarten aufgestellte Büste Moses Mendelssohns wurde 1941 von SA-Leuten zerstört. Am 30. Juni 1942 wurde die Schule wie alle anderen jüdischen Bildungseinrichtungen zwangsgeschlossen. Nach jahrelangem Leerstand wurde das Gebäude in der DDR als Berufsschule genutzt. 1983 wurde an der Fassade eine von Gerhard Thieme entworfene Tafel angebracht, die ein Relief von Moses Mendelssohn und sein Lebensmotto zeigt. Nach erfolgter Rückübertragung an die Jüdische Gemeinde im Jahr 1992 wurde das Haus zunächst als Jüdische Grundschule genutzt. Die private Ganztagsschule, die seit 1993 als Realschule und Gymnasium fungiert, steht nichtjüdischen Schü-

Der Grabstein von Moses Mendelssohn trägt auf der einen Seite eine hebräische, auf der anderen eine deutsche Inschrift

lern offen. Zusätzlich zum Hebräischunterricht wird den Schülern auch Grundwissen in jüdischer Religion und Geschichte vermittelt.
Dem sanierten neobarocken Wohnhausensemble in der **Großen Hamburger Straße 15/16** fehlt in der Mitte das zurückgesetzte Vorderhaus, das im Zweiten Weltkrieg zerbombt wurde. An den grau verputzten Seitenwänden, an denen noch die früheren Stockwerke und Zimmereinteilungen zu erkennen sind, wurden große Schilder mit den Namen, Berufen und Wohndaten der einstigen Bewohner angebracht. Die Installation des französischen Künstlers Christian Boltanski mit dem Titel **The Missing House** entstand 1990.
Wo die Große Hamburger Straße endet und

Das Mahnmal „Der verlassene Raum" am Koppenplatz erinnert an die ermordeten Berliner Juden

auf die Linienstraße stößt, befindet sich der **Koppenplatz**. Neben dem Spielplatz erblickt man, umgeben von Parkbänken, einen bronzenen Parkettfußboden, auf dem ein Tisch und zwei Stühle stehen. Einer der beiden Stühle ist umgerissen, so als wäre jemand erschrocken aufgesprungen. Dieses Mahnmal, von Karl Biedermann und Eva Butzmann für einen Wettbewerb des Ost-Berliner Magistrats zum 50. Jahrestag des Novemberpogroms, im Jahre 1988, entworfen und erst 1996 realisiert, heißt **Der verlassene Raum**. Die Inschrift, die um den Fußboden des Denkmals verläuft, stammt aus einem Gedicht der Literaturnobelpreisträgerin Nelly Sachs.

Das Gebäude in der **Auguststraße 17** beherbergte von 1895 bis 1941 zahlreiche jüdische Sozialeinrichtungen. Hier waren u. a. ein Schwesternheim für das benachbarte Jüdische Krankenhaus, der „Jüdische Volksverein", der „Verband der Ostjuden", das „Arbeiterfürsorgeamt der jüdischen Organisationen Deutschlands", die „Arbeitsgemeinschaft der jüdischen Arbeitsnachweise", ein Heim der Jüdischen Gemeinde für obdachlose Frauen und Mädchen sowie das Wohlfahrtsamt Mitte der Jüdischen Gemeinde untergebracht.

Das **Jüdische Krankenhaus** bezog 1861 im Hinterhof der **Auguststraße 14-16** einen Neubau, der von Eduard Knoblauch entworfen wurde. Das Krankenhaus war hier bis zum Umzug in den Wedding 1914 untergebracht. Anschließend beherbergte das Haus zahlreiche soziale und kulturelle Einrichtungen der Jüdischen Gemeinde. Im Jüdischen Jahrbuch von 1928 werden folgende erwähnt: Mädchenwohnheim des Verbandes Berlin des Jüdischen Frauenbundes, Tagesheim für Säuglinge, Beerdigungsgesellschaft Chewra Kaddischa Groß-Berlin, Kochschule der Jüdischen Gemeinde, Jüdisches Kinderheim Ahawah, Nähstube für Frauen und Mädchen, Zahnklinik und orthopädischer Turnsaal der Jüdischen Kinderhilfe, Kinderstube des Wohlfahrtsamtes der Jüdischen Gemeinde, Jüdisches Mädchenheim Ahawah, Kindergarten Agudas Jisroel und Kleiderkammer Peah der Jüdischen Gemeinde. In den Jahren 1934/35 wanderte ein Teil der Kinder mit der Leiterin nach Palästina aus und wurde auf diese Weise vor den todbringenden Ereignissen der Folgezeit gerettet. Von 1941 bis 1943 richtete die Gestapo hier ein Sammellager für alte und kranke Juden ein. Nach Kriegsende wurden in dem Gebäude eine Hilfsschule, eine Oberschule und ein Internat für sehschwache Kinder untergebracht. Nach der Wiedervereinigung erfolgte die Rückübertragung an die Jüdische Gemeinde, die dieses dringend sanierungsbedürftige Gebäudeensemble in Zukunft für die Verwaltung der Gemeinde und verschiedene Veranstaltungen nutzen will.

Der rote Klinkerbau in der **Auguststraße 11-13** wurde 1927/28 nach Plänen des Gemeindebaumeisters Alexander Beer im Stil der Neuen Sachlichkeit gebaut. Hier befand sich die **Jüdische Mädchenvolksschule**, die 1930 eröffnet wurde. Ein 200 Quadratmeter großer Dachgarten diente als Pausenhof. Diese Schule musste 1942 ebenfalls zwangsweise schließen und diente dann als Lazarett. Zu DDR-Zeiten und bis 1996 war hier eine Oberschule untergebracht. Nach der erfolgten Rückübertragung an die Jüdische Gemeinde zu Berlin fehlt für die Sanierung des derzeit leer stehenden Gebäudes das nötige Finanzierungs- und Nutzungskonzept.

In der **Tucholskystraße 40** befindet sich das Gemeindezentrum der Separatgemeinde **Adass Jisroel**. Es wurde 1904, 35 Jahre

Adass Jisroel

Als sich die Jüdische Gemeinde im 19. Jahrhundert zunehmend liberalisierte und die Neue Synagoge zum Zentrum des Reformjudentums wurde, wollten nicht alle ihre Mitglieder dieser Entwicklung folgen. Deshalb gründeten sie 1869 die „Gesetzestreue jüdische Religionsgesellschaft Adass-Jisroel". Nach dem Austritt aus der Berliner Gemeinde wurde Adass Jisroel 1885 offiziell als selbstständige Religionsgemeinschaft zugelassen. Ihr erster Rabbiner Esriel Hildesheimer gehörte zu den bedeutendsten Vertretern der so genannten Neo-Orthodoxie in Deutschland. Diese Bewegung versuchte eine Vereinigung von gesetzestreuem Leben gemäß dem jüdischen Religionsgesetz mit der Offenheit für die Kultur und Bildung der nichtjüdischen Umwelt.

Im Dezember 1939 wurde die Gemeinde von der Gestapo aufgelöst und zwangsweise in die Reichsvereinigung der Juden in Deutschland eingegliedert. Erst im Dezember 1989, nach langwierigen Verhandlungen mit der DDR-Regierung, wurde Adass Jisroel auf Initiative von Mario Offenberg, einem Nachfahren eines früheren Gemeindemitglieds, neu gegründet. Nach langen Streitigkeiten mit der Berliner Einheitsgemeinde wurde Adass Jisroel 1994 vom Berliner Verwaltungsgericht der rechtliche Status einer selbstständigen jüdischen Gemeinde zuerkannt.

Die hebräischen Worte Kol Bo bedeuten „alles drin", und tatsächlich bietet der Laden ein buntes Sortiment an koscheren Waren, Büchern und Ritualien

nach Gründung dieser Gemeinde, eingeweiht, mit Synagoge, rituellem Tauchbad, Knabenschule, Rabbinerseminar und Talmud-Tora-Schule. Die Synagoge, die sich im zweiten Hinterhof befand, wurde von Johann Höniger entworfen. Sie überstand den Pogrom von 1938 mit leichten Verwüstungen, wurde jedoch im Zweiten Weltkrieg von Fliegerbomben zerstört, und die Ruine wurde 1967 abgerissen.

Das im Jahr 1873 gegründete „Rabbiner-Seminar für das orthodoxe Judenthum zu Berlin" musste 1938 geschlossen werden. Nach der Neugründung von Adass Jisroel im Jahre 1989 konnte 1990 eine neue Synagoge eingeweiht werden. Ein durch die Toreinfahrt gut sichtbarer Davidstern über dem Portal des ersten Hinterhofhauses hat sich durch die Wirren der Zeit erhalten.

Das koschere **Beth Café**, das von der Adass-Jisroel-Gemeinde betrieben wird,

wurde 1991 eröffnet. Hier werden israelische Snacks wie Falafel, Bagel, Salate, Suppen und vegetarische Mittagsgerichte serviert.
Um die Ecke, in der **Auguststraße 77-78**, betreibt Adass Jisroel seit 1992 das Geschäft **Kol Bo**. Hier werden außer Bagels und Schabbatbroten auch koschere Lebensmittel und Weine, Bücher, israelische Kosmetikartikel und rituelle Kultgegenstände verkauft.
Auf der Freifläche in der **Johannisstraße 16** stand einst der so genannte **Tempel der Jüdischen Reformgemeinde**. Er wurde, entworfen von dem Architekten Gustav Stier, an einem Sonntag (!) im September 1854 eingeweiht. Im Novemberpogrom von 1938 wurde die Synagoge verwüstet. Wieder repariert, wurde sie ab April 1940 zur Hauptsynagoge der Berliner Gemeinde, als Ersatz für die Neue Synagoge in der Oranienburger Straße. Im Zweiten Weltkrieg wurde die Synagoge durch Fliegerbomben zerstört und nach dem Krieg abgerissen.
In der **Tucholskystraße 9** bezog die **Hochschule für die Wissenschaft des Judentums** im Jahre 1907 einen Neubau, entworfen von Johann Höniger. Diese Bildungseinrichtung hatte 1872 ihren Lehrbetrieb aufgenommen, nachdem alle Versuche, die Wissenschaft des Judentums in den Fächerkanon der deutschen Universitäten aufzunehmen, gescheitert waren. Das Programm dieser neuen Wissenschaftsdisziplin wurde zuerst im „Verein für Cultur und Wissenschaft der Juden", der von Leopold Zunz und Eduard Gans im Jahre 1819 gegründet wurde, formuliert. Im Geiste der Aufklärung widmeten sich die Gelehrten dem wissenschaftlichen Studium der geschichtlichen Entwicklung des Judentums.
Die Hochschule stand allen Studenten unabhängig von konfessioneller und geschlechtlicher Zugehörigkeit offen. Sie bildete Rabbiner, Prediger und Religionslehrer aus. Die erste deutsche Rabbinerin, Regina Jonas, studierte von 1924 bis 1930 hier. Leo Baeck lehrte seit 1919 Religionsgeschichte, Judaistik sowie Pädagogik

Die Jüdische Reformgemeinde
Die geistigen Erben von Moses Mendelssohn versuchten den traditionellen jüdischen Gottesdienst zu reformieren. Zu diesem Zweck wurde 1845 die „Genossenschaft für Reform im Judenthume" durch Sigismund Stern und Aaron Bernstein gegründet. Die spätere Jüdische Reformgemeinde orientierte sich in ihrem Gottesdienst stark an der protestantischen Liturgie und Gottesdienstpraxis. Die meisten Gebete, die Lieder und die Predigt bedienten sich nun durchgehend der deutschen Sprache. Aus der Liturgie wurden Passagen, die die Rückkehr in das Land Israel zum Inhalt hatten, gestrichen. Die langen Gottesdienste an den Feiertagen wurden stark gekürzt. Die Betenden trugen weder Kopfbedeckung noch Gebetsriemen oder Gebetsmantel. Männer und Frauen saßen und beteten gemeinsam. Orgelmusik und gemischter Chorgesang wurden eingeführt. Ab 1849 fand der Hauptgottesdienst nur noch sonntags statt. Der erste Rabbiner war Samuel Holdheim, der maßgeblich die Reformbestrebungen vorantrieb. Sein radikales Credo lautete: „Im Zeitalter des Talmuds hatte der Talmud Recht. In meiner Zeit habe ich Recht."

Rechte Seite: Die Fassade der Neuen Synagoge lässt deutlich den maurischen Baustil erkennen

und war zugleich der letzte Rektor der Hochschule. Die gesamte Bibliothek und die Sammlung von jüdischen Kultgeräten gingen nach der Zwangsschließung der Schule im Jahre 1942 verloren. Im April 1999 wurde das an die Jüdische Gemeinde zurückübertragene und sanierte Gebäude als **Leo-Baeck-Haus** wieder eröffnet. Es beherbergt heute den Sitz des **Zentralrats der Juden in Deutschland** und des Jewish European Congress. Der Löwenkopf über dem Portal des Hauses symbolisiert die Stärke der Weisheit.

Jeweils im Juni wird seit 1997 in der **Oranienburger Straße** das **Jüdische Straßenfest** veranstaltet. Anlass für das erste Fest war der 30. Jahrestag der Wiedervereinigung Jerusalems im Jahre 1967. Auf einer Open-Air-Bühne spielen jüdische Musiker, und an zahlreichen Ständen werden israelische Snacks, frisch gepresste Orangensäfte, Schmuck, Souvenirs oder auch Bücher zu jüdischen Themen angeboten.

In der **Oranienburger Straße 31** befand sich einst das erste **Jüdische Museum** in Berlin. Der Juwelier Albert Wolf vermachte seine umfangreiche Sammlung von Judaica bereits 1905 der Jüdischen Gemeinde Berlin. Sie wurde aber erst 1917 im Verwaltungsgebäude der Gemeinde in der Oranienburger Straße 29 zum ersten Mal öffentlich gezeigt. Es wurden u. a. antike jüdische Münzen, Kultgeräte, Porträts von jüdischen Persönlichkeiten, Handschriften und Drucke ausgestellt. Der 1929 gegründete „Jüdische Museumsverein" engagierte sich für die Gründung eines jüdischen Museums in Berlin. Der Gemeindevorstand stellte das erste Stockwerk des Hauses in der Oranienburger Straße 31 für das Museum zur Verfügung. Das Jüdische Museum wurde am 24. Januar 1933, unmittelbar vor der Machtergreifung Hitlers, eröffnet. Von den unter den erdrückenden Verhältnissen der NS-Zeit veranstalteten Ausstellungen soll hier wenigstens die Max-Liebermann-Gedächtnisausstellung von 1936, ein Jahr nach seinem Tod, erwähnt werden. Im Novemberpogrom 1938 wurde das Museum zwangsweise geschlossen, und viele Stücke der kostbaren Sammlung gingen in den folgenden Jahren unwiederbringlich verloren. Heute befindet sich im Erdgeschoss des Gebäudes die **Jüdische Galerie**, die im Jahr 1993 eröffnet wurde. Sie stellt vornehmlich jüdische Künstler, die aus den GUS-Staaten stammen, aus.

Die **Neue Synagoge** in der Oranienburger Straße verdankt ihren Bau dem starken Anwachsen der jüdischen Gemeinde im 19. Jahrhundert. Der christliche Architekt Eduard Knoblauch entwarf sie im maurischen Stil. Nachdem er erkrankte, übernahm ab 1859 sein Kollege Friedrich August Stüler die Bauleitung. Die damals größte Synagoge Deutschlands, am 5. September 1866 in Anwesenheit des preußischen Ministerpräsidenten Otto von Bismarck eingeweiht, bot 3000 Gläubigen Platz. Die reiche farbliche und dekorative Innenausstattung, das raffinierte Beleuchtungssystem und die technisch kühnen Gewölbekonstruktionen begeisterten Juden wie Nichtjuden gleichermaßen. Die Neue Synagoge wurde bald zu einer Sehenswürdigkeit Berlins und zu einem Denkmal der Baukunst.

Die hebräische Inschrift über den Portalen stammt von dem biblischen Propheten Jesaja und lautet in deutscher Übersetzung: „Öffnet die Tore, und es kommt das gerechte Volk, das die Treue wahrt." Da die Neue Synagoge mit ihrem Gottesdienst in deutscher Sprache sowie Orgel-

Die Rückfront der Neuen Synagoge mit der verglasten Schutzkonstruktion

und Chormusik zu einem Zentrum des Reformjudentums wurde und zugleich durch ihre Pracht auch nichtjüdische Besucher anzog, war sie den orthodoxen Kreisen der jüdischen Gemeinde ein Dorn im Auge. Sie übersetzten daher diesen Vers folgendermaßen: „Öffnet die Tore, und es kommt der Nichtjude. Der Gerechte (aber) wahrt die Treue."

In der Pogromnacht vom 9./10. November 1938 konnte der Reviervorsteher Wilhelm Krützfeld die randalierenden Horden am weiteren Brandschatzen hindern, indem er sich auf die Denkmalschutzorder berief und die Feuerwehr alarmierte. Zur Strafe für sein couragiertes Eingreifen wurde er versetzt. Im Jahr 1943 ließ er sich vorzeitig pensionieren. Eine Gedenktafel an der Fassade der Neuen Synagoge erinnert seit 1995 an Krützfeld. Von April 1939 bis März 1940 konnte die Synagoge wieder für Gottesdienste genutzt werden. Danach wurde sie von der Wehrmacht als Lagerhaus für Uniformen missbraucht. Bei einem Luft-

angriff in der Nacht vom 22. zum 23. November 1943 wurde sie zerstört und brannte aus. Im Sommer 1958 wurde die zerstörte Haupthalle der Synagoge gesprengt und abgetragen. Die kuppellose Ruine des vorderen Teils der Synagoge blieb erhalten. Seit 1966 erinnert eine Gedenktafel an der Fassade an die Pogromnacht, hier beschönigend als „Kristallnacht" bezeichnet.

Im Jahre 1988 wurde die „Stiftung Neue Synagoge Berlin – Centrum Judaicum" gegründet, um den an der Straße liegenden Gebäudeteil der Synagoge, in dem sich einst der Eingangsbereich und Verwaltungsräume der Gemeinde befanden, wieder aufzubauen. Die Hauptkuppel und die beiden ebenfalls mit Kuppeln bekrönten Ecktürme wurden detailgetreu nachgebaut bzw. rekonstruiert. Die Renovierung konnte 1995 mit der Neueinweihung abgeschlossen werden. Die alte Bausubstanz und die Ergänzungen der Rekonstruktion sind an vielen Stellen sichtbar gemacht worden. Die unteren Räume beherbergen die ständige Ausstellung, in der Dokumente, Bilder und Gegenstände zur Geschichte der Synagoge, zum Wiederaufbau und zur jüdischen Stadtgeschichte gezeigt werden. Hier sind auch die wenigen Fundstücke aus der Zeit der Restaurierungsarbeiten ausgestellt. Im Obergeschoss befindet sich ein Saal, der für Wechselausstellungen, Festveranstaltungen und Vorträge genutzt werden kann. Ein kleiner Betsaal, in dem für Männer und Frauen gleichberechtigte Gottesdienste („egalitärer Minjan") stattfinden, wurde 1998 eingerichtet. Durch die verglaste Rückfront erblickt man ein frei gelassenes Grundstück, auf dem einst die Haupthalle der Synagoge stand. Acht marmorne Säulen kennzeichnen den früheren Standort des Toraschreins.

Der benachbarte moderne Neubau in der **Oranienburger Straße 29** wurde 1993 fertig gestellt. Hier ist neben Büroräumen seit der Wiedervereinigung auch die 1962 im damaligen West-Berlin gegründete **Jüdische Volkshochschule** untergebracht. In jährlich drei Trimestern können Erwachsene Kurse der hebräischen und jiddischen Sprache, Seminare zur jüdischen Geschichte, Religion, Philosophie, Kunst und Literatur belegen. Vorträge, Lesungen und Konzerte ergänzen das Angebot.

Lohnend ist auch ein Gang durch die benachbarten **Heckmann-Höfe**, die die Oranienburger Straße mit der Auguststraße verbinden. Von hier ist ein interessanter Blick auf die Rückfront der Synagoge mit der verglasten Schutzkonstruktion möglich.

Zum Abschluss des Spaziergangs empfiehlt sich ein Besuch im nahe gelegenen Restaurant **Kadima**. Dieses im Herbst 2005 eröffnete Restaurant der mittleren Preisklasse ist zwar nicht streng koscher, bietet aber zahlreiche Gerichte der jüdisch-israelisch-russischen Küche an.

In der Oranienburger Straße 26 hat der **Jüdische Kulturverein** einige Räume gemietet. Seine Mitglieder sind zumeist säkularisierte Intellektuelle jüdischer Herkunft, die ihre kulturelle Identität auch mit jüdischer Tradition anreichern wollen. Alternative Kabbalat-Schabbat-Feiern zum Schabbatbeginn werden an jedem Freitagabend veranstaltet. Außerdem wird zu zahlreichen Vorträgen und Lesungen eingeladen.

Um die Ecke, in der Krausnickstraße 6, wohnte bis zu ihrer Deportation nach Theresienstadt 1942 die weltweit erste Rabbinerin, Regina Jonas. Die Fraueninitiative „Bet Debora" brachte im Jahr 2001 eine Gedenktafel zur Erinnerung an die 1944 in Auschwitz ermordete Jonas an.

2. SPAZIERGANG: CHARLOTTENBURG

Fassadenteile der zerstörten Synagoge Fasanenstraße zieren das Jüdische Gemeindehaus am gleichen Ort

Ursprünglich gehörte das Haus in der **Joachimstaler Straße 13** der jüdischen Loge Bne Brit. 1933 wurde hier die Joseph-Lehmann-Schule der Jüdischen Reformgemeinde und 1939 die VIII. Volksschule der Jüdischen Gemeinde untergebracht. Nach der Teilung Berlins befanden sich hier verschiedene Gemeindebüros sowie die Niederlassungen jüdischer Organisationen. Der große Saal, der einst der Loge sowie als Aula und Turnhalle diente, wird heute täglich für Gottesdienste nach orthodoxem Ritus genutzt. Ein rituelles Tauchbad ist im Souterrain eingerichtet. Weiterhin beherbergt das Gebäude noch einige Gemeindeverwaltungen sowie das Jugendzentrum der Jüdischen Gemeinde.

Die **Literaturhandlung** im gleichen Haus hat sich auf jüdische Autoren und Bücher zu jüdischen Themen spezialisiert. In der ausgezeichnet sortierten Buchhandlung findet man Belletristik, jiddische Literatur, Fachbücher, Sprach- und Reiseführer, Wörterbücher, Tonträger mit Synagogalmusik und Klezmer sowie religiöse Literatur in hebräischer Sprache und ein Antiquariat. Nebenan bei **Salomon Bagels** werden frische Bagels in allen Geschmacksrichtungen angeboten. Als Beilage kann man aus einem reichhaltigen Sortiment an Salaten und Pasten wählen.

Die Synagoge in der Joachimstaler Straße

An der Ecke Kurfürstendamm/Fasanenstraße liegt das 1952 eröffnete **Hotel Kempinski**, das nach dem Gastronomen und Weinhändler Berthold Kempinski (1843 bis 1910) benannt ist. Das erfolgreiche Unternehmen der jüdischen Familie Kempinski, zu dem unter anderem das Haus Vaterland am Potsdamer Platz und eben an dem Ort des heutigen Hotels ein erlesenes Restaurant gehörten, wurde von den Nationalsozialisten „arisiert", d. h. zwangsweise enteignet. Eine Gedenktafel wurde erst 1994 auf Initiative jüdischer Interessensvertretungen links neben dem Hoteleingang angebracht.

In der **Fasanenstraße 79/80** befand sich einst eine der größten Berliner Synagogen. Die 1912 eingeweihte Synagoge brannte im Novemberpogrom 1938 völlig aus, die Ruine wurde 1958 abgerissen. An gleicher Stelle wurde 1959 ein neues **Jüdisches Gemeindezentrum** errichtet, das von Dieter Knoblauch und Heinz Heise entworfen wurde. Das Eingangsportal wurde mit Fassadenteilen der alten Synagoge gestaltet. In dem Zentrum sind Büroräume, ein Festsaal und die Gemeindebibliothek untergebracht. Im Foyer wurden eine Büste von Moses Mendelssohn und Vitrinen mit Kultgegenständen aufgestellt. Mehrere Gedenktafeln sind zur Erinnerung an prominente Juden Berlins angebracht. In der oberen Etage des Jüdischen Gemeindezentrums befindet sich das Restaurant **Gabriel's**, das älteste jüdische Restaurant Berlins mit koscherer Küche.

Neben dieser Filiale in der Joachimstaler Straße eröffnete Salomon Bagels ein weiteres Geschäft in den Potsdamer-Platz-Arkaden

Seit 1987 mahnt auf dem Vorplatz eine stilisierte Torarolle, die von dem Bildhauer Richard Heß entworfen wurde, mit den biblischen Worten „Ein Gesetz sei für den Bürger und den Fremden, der mit euch ist" in hebräischen und deutschen Buchstaben.
Auf dem Hinterhof der **Pestalozzistraße 14** befindet sich eine **Synagoge**, die im Jahre 1912 als private Vereinssynagoge eingeweiht wurde. Das von Ernst Dorn entworfene backsteinerne Gotteshaus war für 1400 Besucher des orthodoxen Gottesdienstes ausgelegt. Im Jahre 1919 wurde diese Synagoge der Gemeinde übereignet. Der Brand in der Pogromnacht 1938 wurde von der Feuerwehr gelöscht, um ein Übergreifen auf die benachbarten Häuser zu verhindern.
Im Sommer 1945 fanden hier die ersten jüdischen Gottesdienste nach dem Krieg statt. Nachdem die Synagoge restauriert wurde, konnte sie 1947 wieder eingeweiht werden. Heute werden Gottesdienste nach einem eigenen liberalen Ritus mit Orgel- und Chormusik gehalten. Langjähriger Oberkantor dieser Gemeinde war der bekannte Sänger Estrongo Nachama (1918 bis 2000).

Die Synagoge in der Pestalozzistraße wurde im neoromanischen Stil erbaut

3. SPAZIERGANG: KREUZBERG

Der Spaziergang beginnt an der **Synagoge** am **Fraenkelufer 10**, die von Alexander Beer im neoklassizistischen Stil entworfen und 1916 eingeweiht wurde. Die dreischiffige Basilika bot 2000 Personen Platz, die den Gottesdienst nach orthodoxem Ritus hielten. Zur Synagoge gehörte ein Gemeindezentrum mit Gemeinde- und Wohnräumen, Wochentags- und Jugendsynagoge. Die Synagoge brannte in der Pogromnacht im November 1938 aus und wurde ab 1942 von der Gestapo als Magazin für geraubtes jüdisches Eigentum genutzt. Im Krieg wurde sie zerstört, und die Ruine wurde 1959 abgerissen. Erhalten ist heute nur noch der Seitenflügel, in dem ursprünglich die Wochentags- und Jugendsynagoge untergebracht war. Eine Gedenktafel, die Cornelia Lengfeld entworfen hat, wurde 1989 angebracht und 1995 erweitert.

Zur Erinnerung an die jüdischen Bewohner Kreuzbergs, die deportiert wurden oder noch emigrieren konnten, wurde von dem Künstler Gunter Demnig im Sommer 1996 – stellvertretend für alle – in der **Oranienstraße** die so genannten **Stolpersteine** in den Boden der Tordurchfahrten der Häuser Nr. 34, 66, 72, 88, 120, 144, 157, 167, 175, 187, 198, 206 und 207 eingelassen. In die messingfarbenen pflastersteingroßen Gedenksteine wurden die Namen der einstigen Mieter und das Datum ihrer Deportation oder Emigration graviert.

Die Stadtteilbibliothek in der **Oranienstraße 72** trägt seit 1994 den Namen Bona Peiser (1864-1929). Die engagierte Jüdin war die erste Bibliothekarin in Deutschland.

Ein schlichter Granitstein in der **Kommandantenstraße 57** in der Otto-Suhr-Siedlung, der 1988 von Susanne Ahner gestaltet wurde, soll an das ehemalige **Theater**

Die Synagoge am Fraenkelufer in Kreuzberg

Der Jüdische Kulturbund
Der Kulturbund wurde 1933 gegründet, als jüdische Musiker und Schauspieler mit Berufsverbot belegt wurden. Ihnen wurde nur noch erlaubt, vor jüdischem Publikum aufzutreten. Der Kulturbund war bis zu seiner zwangsweisen Auflösung 1941 die einzige Möglichkeit für jüdische Künstler, überhaupt noch aufzutreten, und für das jüdische Publikum, überhaupt noch Kultur zu genießen.

des Jüdischen Kulturbundes erinnern. Eine Bodenplatte informiert über die Geschichte dieser Institution. Das Gebäude hatte aber schon vorher ein jüdisches Theater beherbergt, das die Brüder Anton und Donat Herrnfeld 1906 eröffneten. Die aus Budapest stammenden Herrnfelds waren Theaterdirektoren, Stückeschreiber und Schauspieler in einem. Sie führten für ein vorwiegend jüdisches Publikum unterhaltsame Komödien auf. Kurz nach dem Tod von Donat Herrnfeld 1916 endete die Geschichte dieses Theaters. In den 20er Jahren gastierten hier noch zweimal berühmte jüdische Bühnen: Das Jüdische Künstlertheater aus Wilna führte 1921/22 An-Skis „Dibbuk" in der jiddischen Originalfassung auf, wenige Jahre danach zeigte das legendäre Moskauer Habimah-Theater die hebräische Fassung dieses Stückes. In den Jahren 1935 bis 1939 wurde das Theater dann vom Jüdischen Kulturbund genutzt. 1944 durch Fliegerbomben völlig zerstört, wurde es in der Nachkriegszeit abgerissen.
In der **Axel-Springer-Straße 48-50**, ehemals Lindenstraße, befand sich eine **Synagoge**, die 1891 eingeweiht wurde. Der neoromanische Backsteinbau wurde nach einem Entwurf des Architektenbüros Cremer & Wolffenstein im Hinterhof errichtet und bot 1800 Gläubigen Platz. Der Gottesdienst wurde nach liberalem Ritus mit Orgelmusik gehalten. Die Anlage eines unscheinbar wirkenden Vorderhauses, in dem Gemeindewohnungen und -einrichtungen untergebracht waren, und eines geschützt dahinter liegenden jüdischen Gotteshauses wurde zum Vorbild für weitere Synagogenbauten in Berlin. Die Synagoge wurde im Novemberpogrom 1938 demoliert und danach als Getreidespeicher missbraucht. Das gegen Kriegsende zerstörte Gotteshaus wurde 1956 abgerissen. In die Seitenwand der Tordurchfahrt des neu erbauten Bürogebäudes sind drei Tafeln eingelassen, die über die einstige Synagoge informieren. Eine Installation im Hinterhof, von Zvi Hecker, Micha Ullman und Eyal Weizman gestaltet, zeigt stilisierte Bänke, die die ursprüngliche Lage der Sitzreihen der Synagoge andeuten.
In der **Lindenstraße 9-14** befindet sich neben dem Barockgebäude des ehemaligen „Königlichen Collegienhauses" das neue **Jüdische Museum**. Der Entwurf „Between the Lines" des Architekten Daniel Libeskind gewann 1989 den ersten Preis eines international ausgeschriebenen Wettbewerbs für einen Ergänzungsbau zum Berliner Stadtmuseum. Aus der Vogelperspektive wirkt das 1999 fertig gestellte, fünfgeschossige Gebäude wie ein Blitz oder ein zerborstener Davidstern. In die mit silbergrauem Zinkblech verkleideten Außenwände sind schmale Fensterschlitze eingelassen. Das Gebäude wird in der Längsachse von Leerstellen durchzogen.

Die große Dauerausstellung des Jüdischen Museums begeistert die Besucher

Sie sollen die weißen Flächen, die die Vernichtung der Juden hinterlassen hat, symbolisieren.
Der Neubau ist unterirdisch mit dem alten Stadtmuseum, in dem sich auch der Eingang zum Jüdischen Museum befindet, verbunden. Zunächst gelangt man an ein Achsenkreuz, das von drei Achsen gebildet wird. Die „Achse der Vernichtung" endet im leeren schachtartigen Holocaust-Turm. Auf der „Achse des Exils", die den Exodus deutscher Juden aus ihrer Heimat symbolisiert, gelangt man aus dem Museum heraus in den E.T.A. Hoffmann-Garten. Er besteht aus 49 überlebensgroßen geneigten Betonstelen, die oben bepflanzt wurden. Die „Achse der Hoffnung" führt zu einer steilen Treppe, die die einzelnen Stockwerke und Ausstellungshallen miteinander verbindet.
Mehr als 230 000 Besucher bestaunten ab 1999 das leer stehende Gebäude in öffentlichen Führungen. Am 13. September 2001 wurde die lang erwartete Dauerausstellung feierlich eröffnet. Der Rundgang durchläuft in 13 Segmenten zwei Jahrtausende deutsch-jüdischer Geschichte. Zusätzlich werden Wechselausstellungen im Kollegienhaus gezeigt. Das Restaurant und Café Liebermanns im Linken Seitenflügel des Altbaus bietet internationale jüdische Küche im koscheren Stil.

Linke Seite: Schmale Fensterschlitze durchbrechen die verzinkte Außenhaut des Jüdischen Museums

WEITERE JÜDISCHE STÄTTEN

Der Jüdische Friedhof in der Schönhauser Allee steht heute unter Denkmalschutz

Synagoge Rykestraße 53 (Prenzlauer Berg). Die größte Synagoge Deutschlands wurde im Jahre 1904 im neoromanischen Stil errichtet und überstand die NS-Zeit aufgrund ihrer Hinterhoflage relativ unbeschadet. An den großen jüdischen Feiertagen und im Sommer finden die Gottesdienste im großen Saal statt, der 2000 Gläubigen Platz bietet.

Jüdischer Friedhof Schönhauser Allee 23-25 (Prenzlauer Berg). Auf dem Friedhof wurden zwischen 1827 und 1880 über 23 000 Gräber angelegt. Hier liegen so bekannte Persönlichkeiten wie z.B. Gerson von Bleichröder, James Henry Simon, Eduard Lasker, Giacomo Meyerbeer, Max Liebermann und Leopold Ullstein begraben.

Jüdischer Friedhof Herbert-Baum-Straße 45 (Weißensee). Der Friedhof wurde im Jahre 1880 eingeweiht. Auf ihm finden heute noch Beerdigungen statt. In der großflächigen Nekropole kann man prächtige Mausoleen und Gräber namhafter Juden wie z.B. Louis Lewandowski, Hermann Cohen, Lesser Ury, Rudolf Mosse, Hermann Tietz, Samuel Fischer und Berthold Kempinski entdecken.

Topographie des Terrors, Stresemannstraße 10 (Kreuzberg). Auf dem Gebiet zwischen Niederkirchnerstraße, Wilhelmstraße und Anhalter Straße, wo während der NS-Zeit die wichtigsten Einrichtungen des Terrorapparates untergebracht waren, dokumentiert die 1992 gegründete Stiftung „Topographie des Terrors" die Geschichte des Geländes.

Heinz-Galinski-Schule, Waldschulallee 73 (Charlottenburg). Der israelische Architekt Zvi Hecker hat die Jüdische Grundschule, die 1995 eingeweiht wurde, entworfen. Bei der Anordnung der einzelnen Gebäude ließ er sich von dem Umriss einer Sonnenblume inspirieren.

Deportations-Mahnmal S-Bahnhof Grunewald und **Gleis 17 (Wilmersdorf).** An die 35 000 Berliner Juden, die in den Jahren von 1941 bis 1945 vom Güterbahnhof Grunewald aus wie Vieh in die Vernichtungs- und Konzentrationslager deportiert wurden, erinnern zwei eindrucksvolle Mahnmale.

Das Mahnmal Gleis 17 informiert über die Deportationen

Denkmal für die ermordeten Juden Europas, Ebertstraße (Mitte). Der Entwurf für das Rasterfeld der über 2700 grauen, unterschiedlich hohen Betonquader und das unterirdische Dokumentationszentrum stammt von dem Architekten Peter Eisenman. Das umstrittene Denkmal nahe des Brandenburger Tores wurde nach langen Verzögerungen im Mai 2005 eingeweiht.

Spiegelwand für die jüdischen Bürger von Steglitz, Hermann-Ehlers-Platz (Steglitz). Auf einer zwölf Meter breiten Spiegelwand aus poliertem Chromstahl sind die Namen und Anschriften von 1723 Juden aus Steglitz, die deportiert wurden, eingraviert. Informationen zu den Deportationen sowie Fotografien von Berliner Synagogen ergänzen die Liste auf der Spiegelwand.

In der Spiegelwand im Zentrum von Steglitz verschmelzen die Namen der Ermordeten mit dem gespiegelten Stadtleben

Gedenkstätte Haus der Wannseekonferenz, Am Großen Wannsee 56-58 (Zehlendorf). Am 20. Januar 1942 tagte in der Villa Minoux die berüchtigte Wannseekonferenz, auf der organisatorische und technologische Details der so genannten „Endlösung" besprochen und entschieden wurden. Heute informiert eine Ausstellung über die Geschichte von Ausgrenzung, Vertreibung, Verfolgung, Deportation und Vernichtung der europäischen Juden durch die Nationalsozialisten.

Ein wellenförmiges Relief bilden die 2700 Betonstelen des Denkmals für die ermordeten Juden Europas südlich des Brandenburger Tores

Vertiefende Informationen zum Thema finden Sie in dem Buch „Das jüdische Berlin. Kultur, Religion und Alltag gestern und heute" vom gleichen Autor. Es ist in der Reihe „Berlin kompakt" erschienen (Jaron Verlag Berlin, 216 Seiten, € 10,–).

Originalausgabe
4., aktualisierte Auflage 2006

Fotos: Günter Schneider
Umschlaggestaltung: Atelier Kattner, Berlin, unter Verwendung von Fotos von Günter Schneider (großes Foto: Neue Synagoge; kleine Fotos von rechts oben nach links unten: Kindergarten Delbrückstraße, Friedhof Herbert-Baum-Straße, Geschäft Kol Bo, Jüdisches Museum, Deportations-Mahnmal Putlitzbrücke)
Karte S. 24: Matthias Frach, Berlin
Satz und Lithografie: LVD GmbH, Berlin
Druck und Bindung: Thomasdruck Leipzig
ISBN 3-89773-209-2
ISBN 3-89773-259-9 (10 Exemplare)

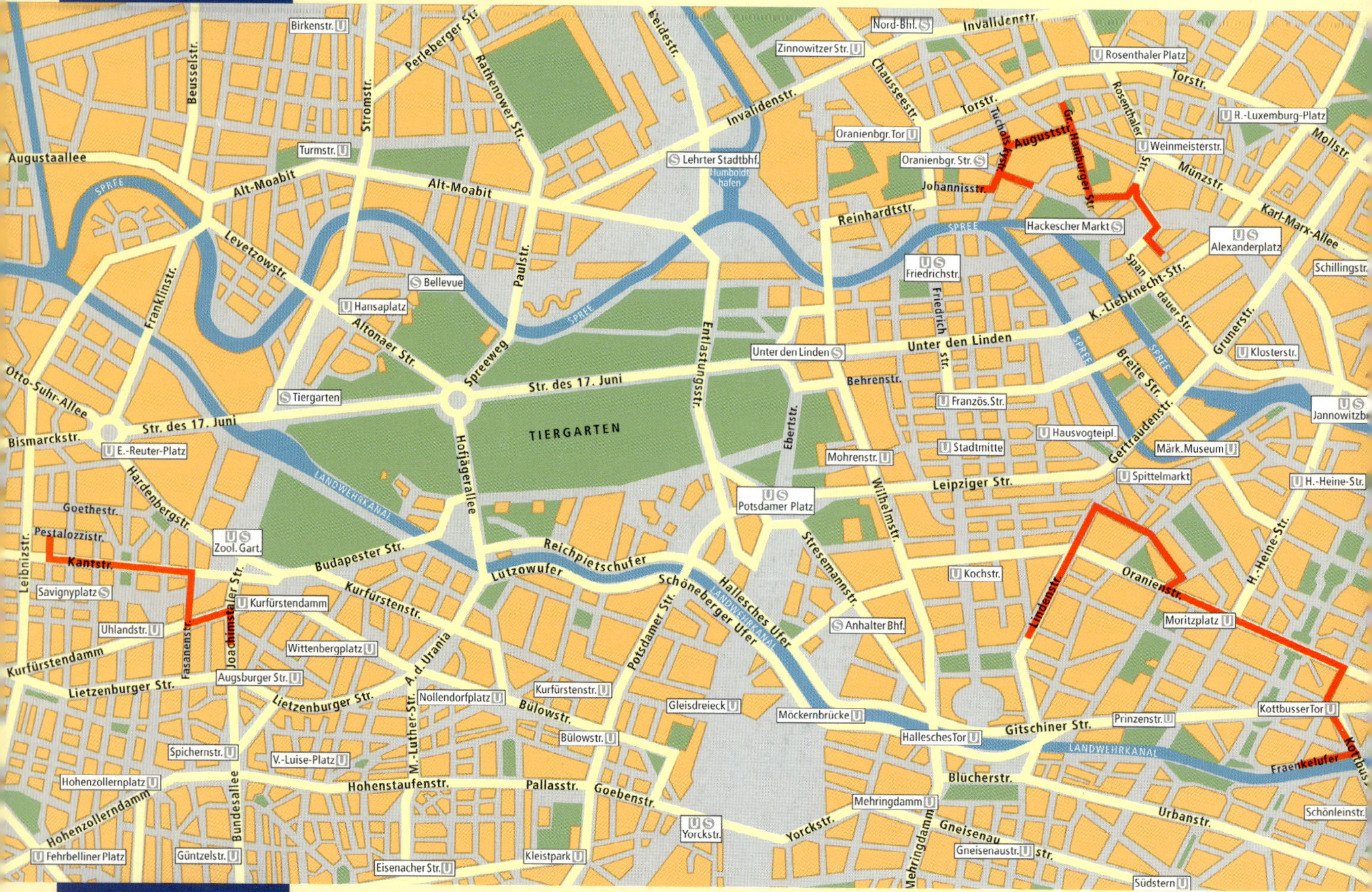